Erstellung eines Trainingsplans mithilfe der Beweglichkeitstestung nach Janda. Beweglichkeitstraining und Koordinationstraining

Bibliografische Information der Deutschen Nationalbibliothek:

Die Deutsche Nationalbibliothek verzeichnet diese Publikation in der Deutschen Nationalbibliografie; detaillierte bibliografische Daten sind im Internet über http://dnb.d-nb.de abrufbar.

ISBN: 9783346687937
Dieses Buch ist auch als E-Book erhältlich.

Druck und Bindung: Books on Demand GmbH, Norderstedt Germany
Gedruckt auf säurefreiem Papier aus verantwortungsvollen Quellen

Das vorliegende Werk wurde sorgfältig erarbeitet. Dennoch übernehmen Autoren und Verlag für die Richtigkeit von Angaben, Hinweisen, Links und Ratschlägen sowie eventuelle Druckfehler keine Haftung.

Das Buch bei GRIN: https://www.grin.com/document/1252705

Deutsche Hochschule für

Prävention und Gesundheitsmanagement

Hermann Neuberger Sportschule 3

66123 Saarbrücken

Einsendeaufgabe

Fachmodul: Trainingslehre 3

Studiengang: BA Fitnessökonomie

Datum
Präsenzphase: 07.02.2022 – 09.02.2022

Name, Vorname: Lesjak, Sabrina

Studienort: **Wien**

Semester: **Wintersemester 2019**

Inhaltsverzeichnis

1   Diagnose

1.1 Allgemeine und biometrische Daten

Alle relevanten und wichtigen Daten wurden in einem Erstgespräch erfasst, da sie im weiteren Verlauf benötigt werden. Diese Daten wurden in einer Tabelle dargestellt.

Tabelle 1: Allgemeine Daten

Alter:	25
Geschlecht:	weiblich
Größe:	172 cm
Gewicht:	69 kg
Trainingsmotive:	Verbesserung bzw. Erhaltung der Beweglichkeit, Leistungssteigerung durch besser Beweglichkeit, Verletzungsprophylaxe
Beruf:	Studentin und Büroangestellte
Aktuelle sportliche Aktivität:	Seit zwei Jahren intensives Intervalltraining, Kombination aus Laufen am Laufband und funktionelle Kraftübungen im Intervall. Es handelt sich um ein laktazide Belastung, 3x Woche für 60 Minuten.
Frühere sportliche Aktivität:	Langjährige Erfahrung im Kampfsport, thailändisches Kickboxen (8 Jahre) und Kraftsport im Fitnesscenter (5 Jahre).
Zeitlicher Verfügungsrahmen:	3-4x/Woche max. 60 min pro Einheit
Allgemeiner Gesundheitszustand:	Probandin nimmt keine Medikamente ein, hat keine gesundheitlichen Einschränkungen und befindet sich nicht in ärztlicher Behandlung. Probandin beschreibt Schmerzen und ein Blockadegefühl im Hüftbereich, speziell nach einem langen Tag im Büro oder auf der Universität und Verspannung im Nacken, Schultern- und Rückenbereich.
Leistungsstufe:	Fortgeschritten

Die ermittelten Daten sind wichtig für die Trainingsplanung des Beweglichkeits- und Koordinationstrainings. Im Zuge der Ermittlung von den persönlichen Daten meiner

Probandin, wurde auf die Ermittlung von Blutdruck, BMI und weiteren biometrischen Daten verzichtet, da mir bekannt ist, dass meine Probandin einen gesunden Lebensstil führt und sportlich sehr leistungsfähig ist.

2 Beweglichkeitstestung

Eine sogenannte Beweglichkeitstestung wird durchgeführt, um die derzeitige Beweglichkeit der Kundin einschätzen zu können.

2.1 Begründung, Manueller Beweglichkeitstests (modifiziert nach Janda, 2000)

Da ich selbst schon Erfahrung mit dieser Form der Muskelfunktionsdiagnostik habe, habe ich mich für diese Testmethode entschieden. Ziel dieses Muskelfunktionstests ist es Muskelschwächen und Einschränkungen der Beweglichkeit zu diagnostizieren. Da ich Erfahrung mit dem Testverfahren mitbringe, konnten recht objektive (semi-objektive) Ergebnisse erzielt werden. Folgende Muskelgruppen wurden manuell getestet:

- M. pectoralis major (Großer Brustmuskel)
- M. iliopsoas (Hüftbeugemuskulatur)
- M. rectus femoris (Kniestreckmuskulatur)
- Mm. ischiocrurales (Kniebeugemuskulatur)
- Mm. triceps surae (Wadenmuskulatur)

2.1.1 Testprotokoll

Die folgende Tabelle zeigt das Testprotokoll sowie die mögliche Auswertung des Testes. Alle getesteten Übungen fanden auf einer Behandlungsliege statt.

Tabelle 2: Testübung und Testausführung nach Janda (2000)

Testübung	Ausführung
Großer Brustmuskel	Frau x liegt in Rückenlage, Zur Beckenfixierung werden die Beine abgewinkelt, Füßen haben Kontakt zur Ablagefläche. Thorax wird durch leichten Zug mit der Hand in die diagonale Richtung von der zu testenden Seite weg fixiert. Zu testender Arm ist im Schultergelenkt abduziert und außenrotiert, im Ellbogengelenk ist im 90° Winkel. Messbereich ist die Position des Oberarms zur Horizontalen (Janda, 2000, S. 270).
Testauswertung (Janda, 2000, S. 271)	
Stufe 0: Keine Beweglichkeitsdefizite; Oberarm erreicht die Horizontale; durch leichten Druck des Testers kann Oberarm unter die Horizontale bewegt werden. Stufe 1: Leichte Beweglichkeitsdefizite; Oberarm erreicht die Horizontale nicht; durch leichten Druck des Testers kann Oberarm bis zur Horizontale bewegt werden. Stufe 2: Deutliche Beweglichkeitsdefizite; Oberarm erreicht Horizontale auch durch Druck des Testers nicht.	
Testübung	Ausführung
Hüftbeugemuskulatur	Probandin liegt in Rückenlage, Gesäß schließt mit dem Rand der Liege ab, Beine sind im Überhang. Ein Bein wird abgewinkelt maximal zum Körper gezogen. Anderes Bein ist im Überhang. Beobachtet wird die Hüftflexion des freien Beines. Messbereich ist die Position des Oberschenkels im Verhältnis zur Körperlängsachse (Hüftbeugewinkel) (Janda, 2000, S. 258)
Testauswertung (Janda, 2000, S. 258).	
Stufe 0: Keine Beweglichkeitsdefizite; Oberschenkel erreicht Horizontale; durch leichten Druck des Testers kann Oberschenkel unter Horizontale bewegt werden. Stufe 1: Leichte Beweglichkeitsdefizite; leichte Hüftbeugestellung; durch leichten Druck des Testers kann Oberschenkel bis zur Horizontale bewegt werden.	

Stufe 2: Deutliche Beweglichkeitsdefizite; Oberschenkel erreicht Horizontale auch durch Druck des Testers nicht	
Testübung	Ausführung
Kniestreckmuskulatur	Probandin nimmt Rückenlage ein, Gesäß schließt mir Rand der Liege ab, Beine sind im Überhang. Frau X zieht, ein abgewickeltes Bein maximal zum Körper heran. Gegenbein wird von mir im maximal möglichen Hüftextensionswinkel fixiert. Nun wird dieses Bein von mir in einen maximal möglichen Kniebeugewinkel geführt. Messbereich ist der Winkel zwischen Ober- und Unterschenkel (Kniebeugewinkel) (Janda, 2000, S. 258).

Testauswertung (Janda, 2000, S. 259).

Stufe 0: Keine Beweglichkeitsdefizite; Unterschenkel hängt senkrecht herab; durch leichten Druck des Testers ist es möglich, die Kniebeugung zu vergrößern.

Stufe 1: Leichte Beweglichkeitsdefizite; Unterschenkel ist leicht nach vorne gestreckt; durch leichten Druck des Testers ist es möglich, einen 90° Kniebeugewinkel zu erreichen.

Stufe 2: Deutliche Beweglichkeitsdefizite; Unterschenkel ist deutlich nach vorne gestreckt; auch durch Druck des Testers wird 90° Kniebeugewinkel nicht erreicht

Testübung	Ausführung
Kniebeugemuskulatur	Frau X nimmt die Rückenlage ein und beugt das nicht getestete Bein im Hüft- und Kniegelenk. Das zu testende Bein wird von mir bei gestrecktem Kniegelenk in die maximal mögliche Hüftflexion geführt (die Patella bleibt bei der Fixierung frei). Als Messbereich gilt der Winkel zwischen Beinachse und Longitudinalachse (Hüftbeugewinkel) (Janda, 2000, S. 261).

Testauswertung (Janda, 2000, S. 262)

Stufe 0: Keine Beweglichkeitsdefizite; die Flexion im Hüftgelenk ist im Ausmaß von 90° möglich.

Stufe 1: Leichte Beweglichkeitsdefizite; die Flexion im Hüftgelenk ist bis zwischen 80-90° möglich.

Stufe 2: Deutliche Beweglichkeitsdefizite; die Flexion im Hüftgelenk ist nur unter 80° möglich.

Testübung	Ausführung
Wadenmuskulatur	Probandin liegt in Rückenlage, nicht zu testendes Bein steht gebeugt mit dem Fuß auf der Unterlage. Zu testendes Bein ist gestreckt. Die distale Hälfte des Unterschenkels ragt über

	das Ende der Liege hinaus. Mit einer Hand greife ich um das Bein distal am Fersenbein. Die andere Hand ergreift de Fuß von der Fußußenkante her. Ich übe Hauptzug an der Ferse aus und ziehe distal Warts. Der Daumen der anderen Hand lenkt den Vorfuß mit leichtem achsengerechtem Druck zum Schienbein hin. Testauswertung kann differenziert nach M. gastrocnemius und M. soleus erfolgen (Janda, 2000, S. 255)

Testauswertung (Janda, 2000, S. 255)
Stufe 0: Keine Beweglichkeitsdefizite; eine Dorsalextension ist mindestens bis zur 0°- Stellung möglich (90° zwischen Fuß und Unterschenkel) Stufe 1: Leichte Beweglichkeitsdefizite; die 0°-Stellung wird nicht erreicht; eine Dorsalextension ist aber möglich. Stufe 2: Deutliche Beweglichkeitsdefizite; eine Dorsalextension ist nur bis 10° unterhalb der 0°- Stellung möglich.

2.1.2 Bewertung der Testergebnisse

Tabelle 3: Testergebnisse Frau X

Manuell getestete Muskelgruppen		Stufe 0	Stufe 1	Stufe 2
Brustmuskulatur	Links	x		
	Rechts	x		
Hüftbeugemuskulatur	Lins		x	
	Rechts		x	
Kniestreckmuskulatur	Links	x		
	Rechts	x		
Kniebeugemuskulatur	Links		x	
	Rechts		x	
Wadenmuskulatur	Links	x		
	Rechts	x		

2.1.3 Interpretation der Testergebnisse

Der durchgeführte Test macht deutlich, dass Frau X keine deutlichen Beweglichkeitsdefizite aufweist, jedoch gibt es leicht Beweglichkeitsdefizite in der Hüftbeuge- sowie Kniebeugemuskulatur. Das unterstreicht die Annahme, dass meine Probandin durch das lange Sitzen auf der Uni sowie im Büro, vorhandenen Defizite und somit Schmerzen im Hüftbereich hat. Frau X weist keine weiteren Beweglichkeitsdefizite auf, sie erreichte im Test der Brust, Kniestreck- sowie Wadenmuskulatur Stufe 0. Außerdem liegen wie oben tabellarisch dargestellt keine deutlichen Beweglichkeitsdefizite vor.

3 Trainingsplanung Beweglichkeitstraining

Meine Probandin, hat klare Motive (Tab.1), aus ihren Motiven wurden Trainingsziele abgeleitet, nach Inhalt, Ausmaß und Zeit definiert und in folgender Tabelle dargestellt. Die Trainingshäufigkeit wird aufgrund der wöchentlichen zur Verfügung stehenden Zeit meiner Probandin auf 3-4-mal die Woche ausgelegt. Dieses Training soll als eigenständiges Dehnprogramm stattfinden.

Tabelle 4: Trainingsplanung Beweglichkeitstraining

1. Dehnung der Nackenmuskulatur			
Muskulatur		Körperteil	Methode
Oberer Anteil Trapenzmuskel		Nacken	Aktiv - Dynamisch
Sätze	Dehndauer	Pausendauer	Intensität
3	45 Sekunden	45 Sekunden	Maximale Dehnschwelle
Ausgangsposition ist ein Hüftbreiter und stabiler Stand mit Blick nach vorne. Bauchmuskulatur wird angespannt, um den Rumpf zu ausreichend zu stabilisieren. Brustkorb bleib die gesamte Zeit geöffnet und die Schultern sind leicht nach außen gedreht. Kopf wird zur Seite geneigt und die gegenüberliegende Schulter wird aktiv nach unten gezogen. Diese Dehnposition kann durch nach oben ziehen der Schulter wieder gelöst und verlassen werden. Dies wird so lange, in kontrollierter Form wiederholt, bis die angegebene Dehndauer erreicht ist. Um die Dehnung zu beenden, wird zuerst die Schulter wieder nach oben gezogen und im Anschluss der Kopf wieder in Ausgangsposition gebracht. Nach dem dieser Vorgang an der linken sowie der rechten Seite erfolgt ist, ist ein Satz abgeschlossen.			
2. Dehnung der hinteren Schultermuskulatur			
Muskulatur		Körperteil	Methode

Hinterer Anteil Deltamuskel, Rautenmuskel, Mittlerer Anteil Trapezmuskel	Schulter	Passiv - Statisch
Sätze	Dehndauer	Pausendauer	Intensität
3	45 Sekunden	45 Sekunden	Maximale Dehn-schwelle

Ausgangsposition ist ein Hüftbreiter und stabiler Stand mit Blick nach vorne. Bauchmuskulatur wird angespannt, um den Rumpf zu ausreichend zu stabilisieren. Brustkorb ist geöffnet der Arm der zu dehnenden Seite wird körpernah vor der Brust und auf Höhe der Schulter gehalten. Hand liegt oberhalb der Schulterseite. Durch langsames Schieben des Oberarms, und der Ellenbogen mit der freien Hand Richtung Brust wird die Dehnposition eingenommen. Oberarm soll hierbei nicht nach oben und nicht nach unten abweichen. Position wird bis zum Erreichen der angegeben Dehndauer gehalten. Nach dem dieser Vorgang an der linken sowie der rechten Seite erfolgt ist, ist ein Satz abgeschlossen.

3. Dehnung der Brust

Muskulatur	Körperteil	Methode
Großer Brustmuskel, vorderer Anteil Deltamuskel	Brust	Passiv - Postisometrisch

Sätze	Dehndauer	Pausendauer	Intensität
3	45 Sekunden	45 Sekunden	Maximale Dehnschwelle

Die Startposition ist ein stabiler Stand, eine Oberarmlänge seitlich von der Wand entfernt, mit Blick nach vorne. Bauchmuskulatur wird angespannt, um den Rumpf zu ausreichend zu stabilisieren. Der Brustkorb wird geöffnet und die Schultern hängen entspannt nach unten. Der Arm, der nicht gedehnt wird, wird in die Hüfte positioniert, während der Arm der zu dehnenden Seite auf Schulterhöhe mit angewinkeltem Oberarm (90°) an der Wand abgelegt wird (Unterarm liegt komplett an der Wand auf). Dehnposition wird eingenommen, indem der Oberkörper sich von der Wand wegdreht. Der Große Brustmuskel und der vordere Anteil des Deltamuskels wird für 6-10 Sekunden langsam und isometrisch kontrahiert und danach, für 2-3 Sekunden entspannt (bei gleichbleibender Position). Nach der Entspannung Phase wird die Dehnposition durch das Weiterdrehen des Oberkörpers vergrößert, bis ein deutlich spürbarer Reiz eintritt, diese Position wird nun für 15-20 Sekunden statisch gehalten. Die wird so lange durchgeführt bis die vergebene Belastungszeit erreicht ist. Nach dem dieser Vorgang an der linken sowie der rechten Seite erfolgt ist, ist ein Satz abgeschlossen.

4. Dehnung der Beinmuskulatur (Spezifische Übungen aufgrund der leichten Beweglichkeitsdefizite der Kniebeugemuskulatur)

Muskulatur	Körperteil	Methode
Großer Gesäßmuskel, Zwillingswadenmuskel, Schollenmuskel, Kniebeugemuskel	Beine	Aktiv - Statisch

Sätze	Dehndauer	Pausendauer	Intensität
3	45 Sekunden	45 Sekunden	Maximale Bewegungsreichweite

Ausgangposition ist die Liegestützposition, Handfläche und Zehnspitzen berühren den Boden/Matte und die Bauchmuskulatur wird angespannt, um den Rumpf zu ausreichend zu stabilisieren. Gesäß schiebt maximal nach oben, und die Arme werden maximal gestreckt, mit dem Blick, zwischen den Schultern hindurch. Beine werden bis zur maximalen Bewegungsreichweite gestreckt oder gebeugt. Position wird gehalten, bis die vorgegebene Belastungszeit erreicht ist. Danach folgt die Pausenzeit.

5. Dehnung des hinteren Oberschenkels

Muskulatur		Körperteil	Methode
Zweiköpfiger Oberschenkelmuskel, Halbmembranöser Muskel, Halbsehniger Muskel		Beine	Aktiv - Statisch
Sätze	Dehndauer	Pausendauer	Intensität
3	45 Sekunden	45 Sekunden	Maximale Dehnschwelle

Ausgangposition ist die Rückenlage, das freie Bein ist abgewinkelt und steht flach auf dem Boden oder der Matte.

Das zu dehnende Bein wird mit beiden Händen an der Rückseite des Oberschenkels umfasst und zum Brustkorb gezogen. Um 14/21 die max. Dehnung zu erreichen, wird das angehobene Bein im Antagonisten (Oberschenkel Vorderseite) kontrahiert und somit maximal im Kniegelenk gestreckt. Diese Position wird 45 Sekunden gehalten und zählt daher zu den statischen Dehnübungen.

6. Dehnung des Hüftbeugers (Spezifische Übungen aufgrund der leichten Beweglichkeitsdefizite der Hüftbeugemuskulatur)

Muskulatur		Körperteil	Methode
Lenden-Darmbeinmuskel, Gerade Oberschenkelmuskel		Hüfte	Aktiv - Statisch
Sätze	Dehndauer	Pausendauer	Intensität
3	45 Sekunden	45 Sekunden	Maximale Dehnschwelle

Ausgangposition ist ein Ausfallschritt mit Blick nach vorne. Bauchmuskulatur wird angespannt, um den Rumpf zu ausreichend zu stabilisieren. Ein Bein wird vor dem Körper abgestellt, sodass das Kniegelenk über dem Fußgelenk im 90° Winkel gebeugt ist. Der vordere Fuß steht flach auf dem Boden oder der Matte, und das hintere Bein steht auf der Zehenspitze. Der Oberkörper bleibt so aufrecht wie möglich während der Hände seitlich in die Hüfte gestützt sind. Indem das Becken nach vorne hin abgesenkt wird, kann die Dehnschwelle erreicht werden, das hintere Bein bleibt dabei gestreckt. Diese statische Position wird gehalten, bis die vorgegebene Belastungszeit erreicht ist. Nach dem dieser Vorgang an der linken sowie der rechten Seite erfolgt ist, ist ein Satz abgeschlossen.

7. Dehnung der Gesäßmuskulatur

Muskulatur		Körperteil	Methode
Großer Gesäßmuskel, Mittlerer Gesäßmuskel), Kleiner Gesäßmuskel		Gesäß	Passiv - Statisch
Sätze	Dehndauer	Pausendauer	Intensität

| 3 | 45 Sekunden | 45 Sekunden | Maximale Dehnschwelle |

Ausgangsstellung ist die Rückenlage. Das nicht zu dehnende Bein wird angewinkelten auf dem Boden abgestellt, das andere Bein wird mit dem Unterschenkel auf den Oberschenkel des Stützbeines abgelegt. Die Dehnposition wird durch das Heranziehen des Stützbeines Richtung Oberkörper eingenommen. Die Hände umgreifen die Oberschenkelrückseite des Beines und ziehen es Richtung Oberkörper, der Unterschenkel hängt nach unten. Diese Position wird für angegebene Dehndauer gehalten. Nach dem dieser Vorgang an der linken sowie der rechten Seite erfolgt ist, ist ein Satz abgeschlossen.

8.

Muskulatur		Körperteil	Methode
Vierköpfiger Oberschenkelmuskel		Oberschenkel	Passiv - Postisometrisch
Sätze	Dehndauer	Pausendauer	Intensität
3	45 Sekunden	45 Sekunden	Maximale Dehnschwelle

Die Ausgangsstellung ist die Seitenlage, der Kopf lieft auf dem zu Boden gewandtem gestrecktem Arm auf. Das zu dehnende Bein wird im Kniegelenk gebeugt und von der Hand des oberen Beines am Sprunggelenk umgriffen, die Ferse wird zum Gesäß gezogen. Die Dehnposition eingenommen, indem das Becken gekippt wird, die Oberschenkel jedoch parallel zueinander bleiben. Diese Position wird für 15-20s gehalten und noch einmal von vorne wiederholt bis die vorgegebene Dehndauer erreicht ist. Nach dem dieser Vorgang an der linken sowie der rechten Seite erfolgt ist, ist ein Satz abgeschlossen.

9. Dehnung des Hüftbeugers

Muskulatur		Körperziel	Methode
Lendendarmbeinmuskel, Gerader Oberschenkelmuskel, Gerade Bauchmuskulatur		Hüftbeuger	Passiv - Statisch
Sätze	Dehndauer	Pausendauer	Intensität
3	45 Sekunden	45 Sekunden	Maximale Dehnschwelle

Ausgangsstellung ist der Kniestand und durch Anspannen der Bauchmuskulatur und Gefäßmuskulatur wird der Rumpf stabilisiert und der Blick ist gerade nach vorne gerichtet. Das Brustbein wird aufgerichtet und die Schultern hängen tief. Die Dehnposition wird durch nach vorne schieben des Beckens und gleichzeitiges leichtes absenken des Körpers erreicht und gehalten. Die Arme auf den Füßen abgestützt, das sorgt für eine bessere Stabilisation. Der Oberkörper soll nicht ins Hohlkreuz geraten.

10. Dehnung des Rumpfes

Muskulatur		Körperteil	Methode
Rumpfmuskulatur / Rumpfextensoren		Rumpf	Aktiv – Dynamisch
Sätze	Dehndauer	Pausendauer	Intensität
3	45 Sekunden	45 Sekunden	Maximale Dehnschwelle

Ausgangsposition ist der Vierfüßerstand, Arme und Bein stehen ungefähr in einem 90° Winkel zum Rumpf, der Rücken ist entspannt. In Verbindung mit einem tiefen Atemzug wird jetzt ein hoher Katzenbuckel gebildet, Das Kinn zieht zu dem Burst und die Schulterblätter werden maximal nach oben geöffnet. Diese Position wird für ein paar Atemzüge gehalten und danach wird die Ausgangposition erneut eingenommen. Dies wird so lange wiederholt, bis die angegebene Belastungsdauer erreicht ist.

3.1 Begründung des Dehnprogrammes

Das Dehnprogramm für Frau X beinhaltet Dehnübungen für alle wichtigen Muskel-Gelenk-Systeme, auch wenn sie nur leichte Beweglichkeitsdefizite in der Hüftbeuge- sowie Kniebeugemuskulatur hat, ist es wichtig den gesamten Körper zu dehnen, da sie keine spezifische Erfahrung mit Beweglichkeitstraining hat. Empfohlen wird außerdem, die Dehnung der Antagonisten von verspannten Muskelgruppen, welche meine Probandin durch das ständige und lange sitzen, in der Schulter, im Nacken- sowie Rückenbereich aufweist (Walker, 2014). Das Dehnprogramm findet als eigenständiges Training statt, das bedeutet es wird nicht zu den Auf- und Abwärmen durchgeführt, sondern unabhängig von den anderen Trainingseinheiten von Frau X. Das Training soll nicht ortsgebunden sein, weshalb es auch ohne jegliche Hilfsmittel stattfindet. Durch den Wechsel von dynamischer, statischer oder postisometrischer Dehnung bietet das Programm viel Abwechslung und hat vielerlei Vorteile für meine Probandin. Die aktiven und dynamischen Übungen bauen auf weiterführende Bewegungsamplituden auf (Freiwald, 2013, S. 286). Die gewählten passiven Dehnübungen fördern die Beweglichkeit sowie die reaktive Durchblutung und Kräftigung der agonistisch wirkenden Muskulatur (Freiwald, 2013, S. 291). Das postisometrische Dehnen hat den größten Effekt auf eine Verbesserung der Bewegungsamplitude (Schönthaler & Ohlendorf, 2002). Da meine Probandin durch den Kampfsport intensive Dehnungen gewohnt ist, wurde für jede Übung die maximale Dehnschwelle gewählt.

4 Koordinationstraining

„Aus neuromuskulärer Sicht bezeichnet Koordination das Zusammenwirken von Zentralnervensystem und Skelettmuskulatur innerhalb eines gezielten Bewegungsablaufes" (Hollmann & Hettinger, 2000, S. 143). Propriozeptives Training ist ein Teilaspekt der Koordination und bedeuten Tiefensensibilität sowie die Eigenwahrnehmung (Quante & Hille, 1999). In der nachfolgenden Tabelle befindet sich ein Gleichgewichtstrainings. Propriozeptives Training beinhaltet die Gleichgewichtsfähigkeit, die Anpassungs- und

Reaktionsfähigkeit (Häfelinger & Schuba, 2007, S. 21). Meine Probandin führt das folgende Training im ausgeruhten Zustand als Zusatz vor dem 3x wöchentlichen Intervalltraining durch, so soll eine qualitative Bewegungsausführungen beim propriozeptiven Training garantiert werden.

Tabelle 5: Trainingsplanung Koordinationstraining

1.Einbeinstand			
Sätze	Wiederholungen / Bewegungsdauer	Pausendauer	Hilfsmittel / Methodik
3	15 Sekunden	30 Sekunden	Statisch
Die Ausgangsposition ist ein stabiler Stand. Frau X stell sich auf ein Bein und hält diese Position für die vorgegebene Dauer statisch und wechselt nach 3 Sätzen die Seite.			

2.Einbeinstand			
Sätze	Wiederholungen / Bewegungsdauer	Pausendauer	Hilfsmittel / Methodik
3	30 Wiederholungen	30 Sekunden	Dynamisch
Die Ausgangsposition ist ein stabiler Stand. Frau X stellt sich auf ein Bein und schwingt das gehobene Bein rhythmisch nach vorne und hinten. Dabei werden die Arme gegengleich bewegt.			

3.Einbeinstand			
Sätze	Wiederholungen / Bewegungsdauer	Pausendauer	Hilfsmittel / Methodik
3	30 Wiederholungen	30 Sekunden	Ball - Dynamisch
Die Ausgangsposition ist ein stabiler Stand. Frau X winkelt ein Bein nach vorne angewinkelt vom Boden ab, und hält einen Ball einseitig für 5-10 Sekunden, dann wird der Ball über den Kopf gewechselt und wieder 5-10 Sekunden gehalten. Es handelt sich um eine bilaterale Übungsausführung.			

4.Zweibeinstand			
Sätze	Wiederholungen / Bewegungsdauer	Pausendauer	Hilfsmittel / Methodik
3	30 Sekunden	30 Sekunden	Therapiekreisel – Statisch
Frau X steht mit beiden Beinen fest auf einem Therapiekreisel platziert und stabilisiert diese Position.			

5. Zweibeinstad			
Sätze	Wiederholungen / Bewegungsdauer	Pausendauer	Hilfsmittel / Methodik
3	15 Wiederholungen	30 Sekunden	Therapiekreisel – Dynamisch

Frau X platziert beide Beine mittig auf einem Therapiekreisel. Die Position wird stabilisiert, während Frau X eine Kniebeuge ausführt.

6. Einbeinstand

Sätze	Wiederholungen / Bewegungsdauer	Pausendauer	Hilfsmittel / Methodik
3	Ca. 30 Sekunden	30 Sekunden	Therapiekreisel – Statisch

Frau X stellt sich mit einem Bein auf ein Therapiekreisel und hält diese Position. Nach 3 Sätzen wird die Seite gewechselt.

7. Einbeinstand

Sätze	Wiederholungen / Bewegungsdauer	Pausendauer	Hilfsmittel / Methodik
3	15 Sekunden	30 Sekunden	Therapiekreisel – Statisch

Frau X stellt sich mit einem Bein mittig auf ein Therapiekreisel. Die Position wird stabilisiert und dann schließt Frau X die Augen für die vorgegebene Zeit. Nach 3 Sätzen wird das Bein gewechselt.

8. Zweibeinstand

Sätze	Wiederholungen / Bewegungsdauer	Pausendauer	Hilfsmittel / Methodik
3	30 Sekunden	30 Sekunden	Flexibar - Dynamisch

Die Ausgangsposition ist ein stabiler Stand. Frau X bring die Flexibar waagrecht für die vorgegebene Zeit zum Schwingen.

9. Zweibeinstand

Sätze	Wiederholungen / Bewegungsdauer	Pausendauer	Hilfsmittel / Methodik
3	15 Sekunden	30 Sekunden	Flexibar - Dynamisch

Die Ausgangsposition ist ein stabiler Stand. Frau X bringt die Flexibar zum Schwingen und verlagert ihr Becken in eine Kniebeugeposition, währenddessen werden die Arme über den Kopf gehoben werden. Die komplette dynamische Durchführung dauert 15 Sekunden pro Satz (Setzen und Arme heben + Aufstehen und Arme senken).

10. Einbeinstand

Sätze	Wiederholungen / Bewegungsdauer	Pausendauer	Hilfsmittel / Methodik
3	15 Sekunden	30 Sekunden	Flexibar - Dynamisch

Frau X steht auf einem Bein und bringt währenddessen auf derselben Seite die senkrechte Flexibar zum Schwingen. Nach 3 Sätzen wird die Seite gewechselt.

4.1 Begründung des Koordinationsprogrammes

Meine Probandin hat konkrete Anforderungen an das Koordinationstraining gestellt, deshalb wurde speziell auf die Verbesserung ihres Gleichgewichts eingegangen und durch den Wechsel von stabilem zu instabilen Standflächen und durch einfache Methoden wie zum Beispiel durch das Schließen der Augen, die Komplexität der Übungen erhöht. Durch das Einsetzen eines weiteren Hilfsmittels (Flexibar), wird zusätzlich die Stärkung der Rumpfmuskulatur gestärkt, dies dient der Prävention von Rückenschmerzen, da Frau X viel Zeit im Sitzen verbringt. Die methodisch-didaktischen Prinzipien des Koordinationstrainings wurden beachtet. Die Übungen entsprechen der progressiven Belastungssteigerung nach Chwilkowski (2006, S. 56-58).

Tabelle 6: Literaturrecherche: Effekte des Dehnens im Hinblick auf eine Verletzungsprophylaxe

Titel der Studie 1	Titel der Studie 2
A randomized trial of preexercise stretching for prevention of lower-limb injury."	Increasing Hamstring Flexibility Decreases Lower Extremity Overuse Injuries in Military Basic Trainees
Wer hat die Studien durchgeführt und wann wurde sie publiziert?	
(Pope, Herbert, Kirwan, & Graham, 2000)	(Harting & Henderson, 1999)
Welche Versuchspersonen haben die Studie durchgeführt?	
1538 männliche Armee Rekruten wurden zufällig ausgewählt	Kontrollkompanie (148) Interventionskompanie (150)
Versuchsablauf	
Die Studie möchte zeigen, ob ein Dehnen vor Körperlicher Belastung zu einem geringeren Verletzungsrisiko des unteren Körpers führt. Die männlichen Rekruten wurden zufällig in zwei Gruppen aufgeteilt, die Dehngruppe und die Kontrollgruppe. Über einen Zeitraum von 12 Wochen vollzogen beide Gruppen ein allgemeines Aufwärmprogramm vor jedem Krafttraining. Lediglich die Dehngruppe führte einen Satz á 20s statisches Dehnen für die	Es wurden zwei verschiedene Unternehmen eingesetzt, die gleichzeitig eine Grundausbildung absolvierten. Zu Beginn und am Ende der 13-wöchigen Infanterie-Grundausbildung wurde die Kniesehnenbeweglichkeit überprüft. Die Kontrollkompanie (N 148) durchlief die normale Grundausbildung. Die Interventionskompanie (N 150) folgte dem gleichen Programm, fügte jedoch ihrem bereits ge-

sechs Hauptmuskelgruppen während des Aufwärmens durch.	planten Fitnessprogramm drei Dehnungssitzungen für die hintere Oberschenkelmuskulatur hinzu. Alle nachfolgenden Überbeanspruchungsverletzungen der unteren Extremitäten wurden von der medizinischen Klinik der Truppe aufgezeichnet.
Ergebnisse	
Am Ende der 12-wöchigen Studie wurden 333 Verletzungen im unteren Körperbereich dokumentiert, darunter 214 Verletzungen des „weichen Gewebes" - Die Dehngruppe hatte 158 Verletzungen, die Kontrollgruppe 175. Das Dehnen während des Aufwärmens hat bei den Teilnehmern der Armee zu keiner klinisch bedeutsamen Verringerung der sportbedingten Verletzungen geführt.	Die Flexibilität der Hamstrings nahm in der Interventionsgruppe im Vergleich zur Kontrollgruppe signifikant zu. Auch die Zahl der Verletzungen war in der Interventionsgruppe signifikant geringer. In der Kontrollgruppe traten 43 Verletzungen mit einer Inzidenzrate von 29,1 % auf, verglichen mit 25 Verletzungen in der Interventionsgruppe mit einer Inzidenzrate von 16,7 %.
Schlussfolgerung Studie 1	**Schlussfolgerung Studie 2**
Kritisch zu betrachten ist, dass die Teilnehmer der Studie nicht nach gewissen Kriterien wie z.B. Alter, Körperlicher Fitness und Gesundheitliche Aspekte eingeteilt wurde. Die Gruppen sind somit schwer zu vergleichen, da in einer Gruppe z.B. mehr Personen mit höherem Verletzungsrisiko hätten sein können. Es wurde nur jeweils ein Satz für 20 Sekunden zu jeder Muskelgruppe des Beines durchgeführt, jedoch ist nicht bekannt in welcher Arbeitsweise und Intensität, auch die Pausenzeit ist nicht bekannt. Man weiß auch nicht welches Krafttraining die Rekruten nach der Durchführung gemacht haben.	Die Anzahl der Überbeanspruchungsverletzungen der unteren Extremitäten bei Basisauszubildenden der Infanterie mit erhöhter Kniesehnenflexibilität signifikant geringer. In dieser Studie wird also, klar dass, das Dehnen des Hamstring eine Verletzung in den unteren Extremitäten verringert. Da es sich nur um eine einzige Muskelgruppe handelt, kann dieses Ergebnis aber nicht pauschalisiert werden. Auch hier ist es kritisch zu betrachten, dass die Teilnehmer der Studie nicht nach gewissen Kriterien wie z.B. Alter, Körperlicher Fitness und Gesundheitliche Aspekte eingeteilt wurde.

Literaturverzeichnis

Chwillkowski, C. (2006). Medizinische Koordinationstraining – Verbesserung der Haltungs- und Bewegungskoordination durch Propriozeption (2. Aufl.). Köln: Deutscher Trainer Verlag.

Freiwald, J. (2013). Optimales Dehnen: Sport – Prävention – Rehabilitation (2.Ausg). Balingen: Spitta-Verlag.

Häfelinger, U., & Schuba, V. (2007).). Koordinationstherapie - propriozeptives Training (3. Ausg.). Aachen: Meyer & Meyer.

Harting, D., & Henderson, J. (1999). Increasing Hamstring Flexibility Decreases Lower Extremity Overuse Injuries in Military Basic Trainees. The American Journal of Sports Medicine.

Hollmann , W., & Hettinger, T. (2000). Sportmedizin. Grundlagen für Arbeit Training und Präventivmedizin (4.Aufl.). Stuttgart: Schattauer.

Janda, V. (2000). Manuelle Muskelfunktionsdiagnostik. *(4. Aufl. Ausg.)*. München: Urban & Fischer Verlag.

Pope, R., Herbert, R., Kirwan, J., & Graham, B. (2000). A randomised tria lof preexercise stretching for prevention of lower-limb injury. Medicine and Science in Sports and Exercise.

Quante, M., & Hille, E. (1999). Propriozeption: eine kritische Analyse zum Stellenwert in der Sportmedizin. Deutsche Zeitschrift für Sportmedizin.

Schönthaler, S., & Ohlendorf, K. (2002). Biomechanische und neurophysiologische Veränderungen nach ein- und mehrfach seriellem passiv-statischem Beweglichkeitstraining. Köln: Sport und Buch Strauß.

Walker, B. (2014). Anatomie des Stretchings: mit der richtigen Dehnung zu mehr Beweglichkeit. München: Riva Verlag.

5 Tabellenverzeichnis

5.1 Tabellenverzeichnis